Diharapkan Berbicara?   **Wajib Berbicara?**   **Ingin Berbicara?**

60 MENIT

PUBLIC SPEAKING

yang LEBIH MANTAP

KEVIN ABDULRAHMAN

"PELATIH *PUBLIC SPEAKING* PARA BINTANG"

ISBN: 978-1516850945

Kebanyakan orang tidak menuntut

hasil yang cepat.

Saya Menuntut.

TENTANG PENULIS

Pelatih *Public Speaking* para bintang.

Daftar panjang para klien dari Kevin Abdulrahman termasuk diantaranya adalah Aktor, Kolega, Duta Besar, Anggota Dewan, CEO, Delegasi, Eksekutif, Pengusaha, Manajer Senior, Pemimpin Gagasan, Mitra, Presiden & Keluarga Kerajaan.

KATA PENGANTAR

Investasi terbaik yang dapat Anda lakukan adalah dengan berinvestasi pada diri Anda sendiri.

Sebagai seorang pembicara dan duta besar internasional, saya dapat memberitahu Anda bahwa pentingnya berbicara dengan impak adalah tak terbantahkan.

Saya sudah mengenal Kevin selama beberapa tahun. Ia terkenal karena kemampuannya dalam mempersiapkan para *pemimpin dunia* dengan kebutuhan komunikasi dan *public speaking* mereka.

Kelebihan dan keterampilan dasar pada kemampuannya dalam menghubungkan dan men-transfer apa yang ia ketahui kepada orang lain.

Saya senang membaca buku ini karena Kevin selalu menarik dalam membuat pelatihan *public speaking*-nya menjadi menyenangkan dan langsung pada tujuannya. Dalam salah satu bab di buku ini, ia berbicara tentang '*melukis gambar*', dan dari pengalaman pribadi, saya dapat memberitahu Anda bahwa ide ini saja telah membuat sebuah perbedaan yang besar pada pidato yang saya berikan kepada para audiens saya dari seluruh dunia.

Para individu, profesional dan pemimpin besar sering diingat karena kemampuan mereka dalam berbicara dengan impak.

Yang tidak dapat diperbaiki adalah hari-hari yang mungkin Anda sembunyikan di balik meja.

Jika Anda ingin dianggap serius, mendapatkan dana untuk sebuah proyek, membujuk para anggota tim Anda, memimpin dengan pengaruh dan berbicara agar didengarkan, Anda perlu memoles keterampilan berbicara Anda di depan umum.

Saat ini dan masa ini, Anda akan mendapati diri Anda, baik dengan diharapkannya agar berpidato, atau dituntut untuk berpidato. Seperti Kevin yang telah katakan, *Anda tidak dapat melarikan diri dari public speaking.*

Kevin telah mengangkat sebuah materi yang serius (dan ditakuti), dan menyampaikan sebuah panduan yang mudah dibaca (dan diterapkan). Siapapun bisa menjadi lebih baik, memberikan yang lebih baik dan merasa lebih baik, dalam 60 menit.

Demikianlah arahan dari Kevin tentang permasalahan *public speaking* bahwa ia mampu menyampaikan sebuah masalah yang signifikan, dengan sederhana.

Dengan volume bicara-nya sendiri.

Ketika Anda membaca buku ini, Anda akan memahami apa yang saya maksudkan.

Jika Anda butuh sebuah panduan cepat untuk bisa berbicara atau berpidato dengan lebih baik dan juga dibatasi oleh waktu, buku ini adalah untuk Anda.

60 menit adalah semua yang Anda perlukan agar menjadi lebih baik dalam berbicara di depan umum.

Ingatlah kata-kata saya. Ini akan menjadi salah satu investasi terbaik yang pernah Anda buat di dalam hidup Anda.

Yang Mulia Sheikh Mohammed Bin Abdullah Al Thani,

"Orang Qatar pertama yang mencapai puncak Everest"

DEDIKASI

Hanya Anda yang dapat menunjukkan nilai sejati dari kata-kata yang tertulis.

Pelajari, terapkan, dan selamanya teruslah asah kemampuan Anda dalam berpidato dan berbicara.

Anda adalah bagian dari buku ini seperti sebanyak buku ini akan menjadi bagian dari diri Anda.

UCAPAN TERIMA KASIH

Buku ini adalah sebuah kerja dari cinta. Tetesan yang disuling dari puluhan ribu jam yang telah dihabiskan dalam bekerja bersama dengan beberapa tokoh yang paling kuat, pemimpin gagasan dan pemikiran-pemikiran yang menginspirasi di seluruh dunia.

Bagi Anda semua akan memerlukan sebuah buku tersendiri. Saya selalu berhutang budi dan bersyukur dengan waktu yang telah kita habiskan, dan terus menghabiskannya bersama.

Anda adalah sang inspirasi dan hasil keseluruhan dari apa yang buku ini tawarkan saat ini.

Agar konsep ini dapat bekerja, sebuah proses eliminasi panjang sungguh diperlukan.

Banyak yang harus dihilangkan untuk memungkinkan teknik-teknik yang paling relevan agar dapat diterapkan.

APAKAH *PUBLIC SPEAKING* ITU?

Jika Anda ingin menyampaikan sebuah pesan khusus kepada sebuah kelompok dan mencapai hasil yang diinginkan, Anda harus berbicara di depan umum, oleh karena itulah maka ini disebut sebagai *public speaking* atau berbicara di depan umum.

Apakah Anda ingin mempengaruhi para anggota rapat, memimpin sebuah rapat staf, menyampaikan pesan dari asosiasi Anda, mewakili perusahaan Anda sebagai seorang duta, memberikan khotbah, menyampaikan proyek Anda, Anda pasti akan diminta untuk berdiri dan berbicara.

Dalam dunia yang kompetitif ini, individu yang cerdas dan sukses sadar benar bahwa kemampuan untuk berbicara adalah *sebuah keterampilan yang sangat penting.*

Beberapa individu menyadari hal ini dengan lebih cepat, sementara yang lainnya, lebih terlambat.

Semua orang akan mencapai kesimpulan yang sama yaitu ''tidak ada yang bisa melarikan diri dari *Public Speaking''.*

Public Speaking adalah suatu keharusan bagi setiap individu, profesional dan pemimpin dalam hal apa pun yang sedang Anda geluti.

Terdapat sebuah tuntutan pada setiap individu dan pada setiap tingkatan untuk berkomunikasi, secara efektif.

Saya sudah mengalaminya beberapa kali.

Saya sudah menyaksikan begitu banyak individu yang berdiri dan berbicara dengan buruk. Beberapa dari mereka telah menggagalkan kesempatannya dalam berbicara dan menjadi berhasil, sementara yang lainnya pergi melarikan diri sejauh mungkin agar bisa menghindari keharusan untuk berbicara yang mungkin hanya berdurasi selama dua menit.

Mungkin Anda telah mengabaikan *public speaking* sebagai hal yang tidak begitu penting. Atau seperti kebanyakan individu lainnya saat ini, Anda sangat berfokus dengan pekerjaan Anda sampai sekarang, sehingga keterampilan ini menjadi terabaikan.

Anda tidak sendirian.

Sebagian besar orang merasa tidak nyaman dengan kemampuan *public speaking* mereka.

Mereka percaya bahwa mereka bisa berbuat yang lebih baik.

Tantangan *public speaking* bukanlah hal yang dapat Anda sepelekan, luputkan atau berharap agar hilang. Tidak akan.

Jadi, adalah terbaik jika kita menghadapinya dengan cara yang paling sederhana dan efektif yang bisa menangani dan menaklukkan kesulitan apapun.

"Satu-satunya jalan keluar dari masalah

adalah dengan melaluinya"

Anonim

APA REALITAS ANDA SEBENARNYA?

i) Anda tidak pernah berpikiran tentang *public speaking*.

ii) Anda sibuk dan tidak pernah sempat menghadirinya.

iii) Anda sudah membeli banyak buku tetapi tidak pernah membacanya.

iv) Anda berada pada posisi dimana orang mengharapkan Anda untuk berbicara.

v) Anda wajib untuk berbicara. Anda tidak bisa menghindarinya.

vi) Anda ingin menjadi seorang *public speaker* yang hebat.

Saat ini kontrak konsultasi kami bersama perusahaan-perusahaan swasta dan organisasi masyarakat yang berdedikasi untuk melakukan pelatihan berkomunikasi di semua tingkatan.

Tim-tim besar ingin *semua* anggota mereka, mulai dari agen penjualan dan manajer tingkat menengah hingga eksekutif tingkat C, anggota dewan dan presiden agar dapat Berbicara dengan *impak*.

Mengapa? Karena,

Kemampuan Anda dalam melakukan presentasi dengan kekuatan dan berbicara dengan impak akan merefleksikan tentang bagaimana audiens Anda akan melihat Anda, menilai Anda, produk Anda, layanan Anda, perusahaan Anda, merek Anda, dan akhirnya kredibilitas dan kompetensi Anda.

Namun Anda sudah MENGETAHUI ini semua!

PADA SKALA 1 SAMPAI 10

BAGAIMANAKAH KEMAMPUAN *PUBLIC SPEAKING* ANDA MENURUT DIRI ANDA SENDIRI?

| 1 | 2 | 3 | 4 | 5 | 6 | 7 | 8 | 9 | 10 |

Tidak terlalu percaya diri

Sangat Percaya Diri

(Jika 10, Anda tidak diharuskan untuk membaca buku ini)

"Semua pembicara hebat adalah para

Pembicara yang buruk pada awalnya "

Ralph Waldo Emerson

KATA PENGANTAR

Saya menulis buku ini dengan tidak mengindahkan para penerbit, distributor atau pengecer.

Ini hanya untuk Anda, orang yang ingin menjadi lebih baik dalam melakukan *public speaking*.

Sebagai seorang komedian, Tina Fey, menulis tentang apa yang ia ambil dari *'Saturday Night Live'* atasannya, Lorne Michaels, "Pertunjukan tidak berlangsung karena sudah siap, melainkan berlangsung karena ini adalah jam *sebelas tiga puluh*."

Anda sedang mencari sesuatu yang ringkas dan komprehensif.

Anda telah memilih buku ini karena alasan tertentu.

60 menit adalah semua yang telah Anda dapatkan.

Anda berada dalam sebuah keadaan pikiran yang *'fast and furious'*, meninggalkan ceramah/presentasi/pidato publik pada menit-menit terakhir.

Namun harus menciptakan sebuah impak.

Anda ingin mempunyai beberapa pemikiran dan teknik jitu untuk diterapkan dengan segera.

Saya sudah bekerja keras untuk memastikan bahwa setiap kata telah dimasukkan (dan puluhan ribu telah dibuang) akan benar-benar membantu *public speaking* Anda *dengan segera*.

Saya sudah menyusun buku tersebut bersama-sama agar dapat Anda gunakan sebagai sebuah referensi (bertahan hidup dan berkembang) setiap kali Anda harus bangun dan berbicara.

Saya ingin agar Anda *senang* menikmati berbicara di depan umum seperti yang telah saya ajarkan pada ribuan orang lainnya dalam seminar-seminar saya di seluruh dunia dan agar melakukannya dengan cara yang tenang dan santai.

Pemikiran dan teknik-tekniknya adalah *mudah* untuk diterapkan, namun *signifikan* dalam perbedaan yang akan diberikan pada hasil-hasil yang akan Anda peroleh.

Jika Anda merasa Anda akan tutup pada jam *sebelas tiga puluh*, yakinlah, *saya memahami Anda*!

60 menit *public speaking* yang lebih mantap akan membantu Anda menjadi seorang pembicara publik yang lebih baik.

Itu janji saya.

Teknik-teknik ini sudah berhasil untuk Presiden.

Ini juga akan berhasil untuk Anda.

60 menit Anda dimulai SEKARANG!

1. DENGARKAN SANG IBU

Anda mungkin akan merasa tidak nyaman ketika membayangkan harus berbicara di depan umum.

Cemas, stres, tegang, merinding, tenggorokan serak, mulut kering, bahkan mungkin merasa sakit (saya seringkali melihat hal tersebut) terjadi karena terkait dengan keharusan untuk berbicara di depan umum yang akan dilakukan.

Ibu selalu mengatakan hal ini kepada saya ketika saya masih kanak-kanak,

"Kevin berhentilah. Ambil 10 napas pelan dan dalam. 10, 9, 8, 7, 6, 5, 4, 3, 2, 1. Baiklah, sekarang pergi dan ambil dunia".

Saya tahu apa yang sedang Anda pikirkan.

Saya dulu juga berpikiran sama.

Apa kaitan pernapasan yang harus saya lakukan dengan hilangnya nerves berbicara?

Tanpa harus masuk terlalu jauh ke dalam ilmu pengetahuan, ketika Anda berhenti dan mengambil sepuluh napas yang dalam, Anda akan mengisi paru-paru dan otak Anda dengan lebih banyak oksigen.

Anda juga akan merasakan semuanya menjadi lebih tenang (seperti yang Anda lihat di film-film) dan mulai merasa santai.

Pastikan bahwa Anda bernapas dengan sepenuhnya, mengisi diafragma Anda (area di bawah tulang rusuk Anda). Sebuah napas dalam yang baik harus seakan-akan membuat perut Anda keluar seperti Anda menelan makanan satu minggu dalam sekali makan.

Sekarang Ibu saya adalah ibu Anda juga, dan berarti kita harus mendengarkan dia.

Ambil sepuluh napas yang dalam.

Ini akan memerlukan waktu kurang dari 2 menit.

Dua menit yang akan membuat semua perbedaan.

"Langit di atas saya, bumi di bawah saya,

api di dalam diri saya. "

SKYRIM

2. RAHASIANYA SUDAH TERUNGKAP

Saya telah membantu puluhan ribu klien dari seluruh lapisan masyarakat dengan berbagi rahasia kepada mereka.

Anda ingin tahu rahasia-nya?

Mendekatlah, agar saya bisa memberitahu Anda apa yang sudah saya katakan pada mereka.

Selamat *bersenang-senang*.

Anda akan mengatakan, "Kevin saya adalah seorang intelektual. Saya harus berbicara tentang sesuatu yang membosankan tapi penting ".

Saya tetap akan mengatakan rahasia yang sama – *Selamat bersenang-senang*.

Kebanyakan orang, termasuk Anda lupa tentang kemampuan bawaan ini dan keinginan manusia untuk bersenang-senang.

Anda bisa melakukan yang terbaik ketika Anda sedang bersenang-senang, dan terus terang saja, saya tidak peduli tentang seberapa seriusnya Anda telah tumbuh, Anda pasti mengetahui bagaimana cara bersenang-senang. Setidaknya ada beberapa hal di dalam hidup Anda yang membuat Anda telah melakukannya.

Katakanlah kepada saya, kapan terakhir kalinya Anda menghadiri sebuah pembicaraan, pelatihan, media pers, acara perdagangan atau konferensi *yang membuat otak Anda merasa bosan*?

Anda tidak menghadirinya.

Jadi, percayalah jika saya berkata bahwa audiens Anda (apa pun permasalahan yang mungkin) tidak berbeda dari Anda dan juga saya.

Mereka tidak ingin menjadi bosan dan tertidur.

Mereka ingin *senang* menikmati dan terlibat ketika sedang mendengarkan Anda berpidato atau berbicara (bahkan tentang topik yang serius sekalipun).

Bersenang-senang adalah sebuah sikap.

Ketika Anda memilih sikap ini, Anda akan belajar lebih banyak, berusaha untuk memperbaiki pikiran Anda, menyentakkan karya terbaik Anda, memoles keterampilan berbicara di depan umum bahkan lebih jauh lagi dan dengan berani mengambil setiap kesempatan yang Anda peroleh untuk dipersembahkan.

Ketika Anda sedang bersenang-senang, audiens Anda akan menjadi jauh lebih mudah menerima pikiran, ide dan saran-saran Anda.

Ketika Anda sedang bersenang-senang, audiens Anda akan melihat diri Anda sebagai pribadi yang karismatik, menyenangkan, percaya diri dan berwibawa.

Sekarang katakanlah bahwa Anda tidak menginginkan semuanya itu?

Tentu saja Anda menginginkannya.

3. INI TIDAK BEGITU BURUK

Berikut ini adalah pertanyaan lain yang saya tanyakan kepada para klien saya.

Hal terburuk apakah yang bisa saja terjadi karena *public speaking* Anda?

Saya ingin Anda menuliskannya.

Dalam kebanyakan kasus, semua orang bisa hidup sehari lagi.

Jika tidak, membaca buku ini dan mengharapkan jawabannya adalah solusi yang tidak masuk akal atas apa yang Anda butuhkan.

Jika ini tidak mengancam hidup, maka santailah.

"Bahkan kalapun Anda jatuh di atas

wajah Anda, Anda masih

melangkah maju "

Robert Gallagher

4. HANYA SEBUAH PEMIKIRAN

Anda mungkin khawatir dengan apa yang akan dipikirkan oleh audiens Anda, ketika Anda berdiri menyampaikan pesan Anda.

Biarkan saya memberitahu Anda apa yang tidak akan dipikirkan oleh mereka.

"Hahaha lihatlah dia. Dia sangat gugup. Bodoh. "

Apa yang akan mereka pikirkan (99,99%) adalah,

"Fuuuhhhh, senangnya bukan aku yang berdiri di sana".

"Jika Anda harus pergi melewati neraka, lewatilah"

Winston Churchill

5. BINGKAILAH DENGAN BENAR

Ketika diminta untuk berceramah, banyak orang seringkali berbicara tentang betapa hebatnya mereka, semua tentang perusahaan dan produk atau jasa luar biasa yang mereka tawarkan.

HENTIKAN!!!

Anda boleh berbicara, tapi hindarilah membuat kesalahan dengan memberikan ceramah yang dibingkai dengan apa yang ada di sekitar Anda (dan apa yang Anda wakili).

Seluruh pesan Anda harus dibingkai dengan sebuah prinsip hidup yang sederhana 'WIIFM' - *What's In It For Me* atau Apa Manfaatnya Bagi Saya? .

Setiap kali Anda menyusun pesan, tanyakan pada diri Anda sendiri, "Apa manfaatnya bagi audiens saya"?

Jika Anda memiliki latar belakang sebagai seorang *sales* maka Anda mengetahui benar bahwa orang tidak akan membeli fitur (bingkai yang salah).

Mereka akan membeli manfaatnya (bingkai yang benar).

Ini bukan tentang seberapa hebatnya Anda atau kelompok Anda, ini tentang bagaimana audiens bisa mendapatkan keuntungan dari apa yang Anda tawarkan.

Selalu perhitungkan elemen penting ini.

Bingkailah sebelum Anda menyusun kata-katanya.

"Tujuan dari komunikasi yang efektif haruslah agar para pendengar mengatakan 'Saya juga!' bukan "Lalu apa?" "

Jim Rohn

6. KETAKUTAN DAN ANDA

Beberapa ketakutan lazim yang biasanya dialami oleh kebanyakan orang tentang *public speaking*, seperti:

Ketakutan yang tidak diketahui

Takut ditolak

Takut terlihat bodoh

Takut diprotes

Takut karena pengalaman masa lalu

Takut melakukan kesalahan

Takut kehilangan arah

Takut terlihat tidak kompeten

Takut terlihat tidak wajar

Takut tidak disukai atau dicintai

Terapkan apa yang saya ajarkan kepada Anda di dalam buku ini, dan setiap ketakutan tersebut akan menghilang.

Masa lalu Anda bukanlah masa depan Anda.

Lalu, bagaimana jika Anda membuat kesalahan ketika Anda berdiri dan berbicara?

Hal ini juga terjadi pada seorang pembicara terbaik.

Semua ketakutan ini berasal dari pengalaman masa lalu, pengalaman orang lain dan karena kesalahan dari referensi Anda.

Mari kita menghadapinya.

"Saya tidak perlu takut.

Ketakutan adalah pembunuh pikiran. Ketakutan adalah kematian kecil yang akan membawa seluruh kemusnahan.

Saya akan menghadapi ketakutan saya.

Saya akan izinkan dia melewati dan melalui diri saya. Dan ketika sudah pergi berlalu, saya akan mengubah mata batin untuk melihat jalannya.

Dimana ketakutan telah pergi,

tidak akan ada apa-apa.

Hanya saya yang akan ada. "

Frank Herber

7. MENGAPA BEGITU SERIUS?

Jadi, Anda harus memberikan sebuah ceramah?

Mengapa begitu serius?

Jika Anda cemas, maka Anda akan mengacaukannya.

Anda pikir ini adalah tentang Anda.

Sekilas Info! Ini bukan tentang Anda.

Ini tentang audiens Anda.

Peran Anda adalah untuk menyampaikan pesan.

Peran Anda adalah untuk peduli pada audiens Anda.

Cukup peduli dengan memastikan bahwa audiens Anda akan menerima pesan yang Anda maksudkan.

Pernahkah Anda berada di jalan dan bertemu orang asing yang memberikan Anda senyuman?

Umumnya, respon yang paling alami dan naluriah adalah dengan tersenyum kembali kepada dia.

Ada sebuah hukum manusia, ampuh pada hasil yang akan diperolehnya, sederhana dalam penerapannya.

Hukum *timbal balik* menyatakan bahwa kita sebagai manusia akan cenderung membalas apa yang kita terima.

Orang tidak akan peduli seberapa besar Anda mengenal mereka sampai mereka tahu seberapa besar Anda peduli kepada mereka.

Kita suka dengan orang-orang yang menyukai kita.

Kita cinta pada orang-orang yang mencintai kita.

Kita peduli pada mereka yang peduli pada kita.

Anda harus bekerja ekstra keras untuk menemukan seseorang yang Anda sukai tapi dia tidak menyukai Anda. Jika Anda berhasil, selamat, tapi tidak ada banyak orang yang seperti mereka.

Pedulilah kepada audiens Anda.

Mereka akan melihatnya, menghargainya dan sebagai hasilnya - mereka akan membalas perasaan tersebut dengan peduli dan mau mendengarkan Anda.

8. MELABEL ULANG PERASAAN ANDA

Pikirkanlah tentang pertama kalinya Anda pergi berkencan.

Bersemangat. nerves. Cemas. Jantung berdebar-debar. Gelisah. Beberapa atau semua dari yang telah disebutkan.

Tapi Anda memberikannya label yang positif!

Anda mengendalikan semua label yang Anda berikan pada perasaan Anda. Setiap saat.

Public speaking tidaklah berbeda. Label ulang perasaan Anda.

Label Yang Tidak Berguna	Label Baru Yang Positif
Cemas	Bagus. Anda masih hidup
Panik	Senang
Gugup	Anda bintang rock. Tugas Anda adalah melakukan yang terbaik
Takut	Jadi punya bayi. Tapi sangat menyenangkan
Tidak bisa tidur	Bagus. Banyak waktu untuk berlatih.

Para pembicara yang terbaik akan menggunakan permainan pikiran.

Ini berhasil untuk mereka.

Ini juga akan berhasil untuk Anda.

"Hadapkan wajah Anda ke arah matahari dan bayangannya akan jatuh di belakang Anda"

Peribahasa Maori

9. NILAI KOMPETISI ANDA

Jika ini adalah ring tinju, Anda akan melawan seorang pesaing yang tak terkalahkan, dengan jangkauan dua kali lipat dari Anda, tiga kali ukuran Anda, dan oh.. saya hampir lupa, dia adalah sebagai seorang juara dunia. Semoga berhasil!

Wajarlah jika kita mengatakan, Anda tidak akan memenangkan pertandingan ini.

Kabar baiknya. Anda tidak berada di dalam ring tinju.

Berita buruknya. Pesaing Anda jauh lebih sengit dari apa yang telah saya jelaskan di atas.

Ketika berbicara di depan umum, Anda akan melawan sesuatu yang masih dianggap sebagai mesin terkuat dalam sejarah umat manusia.

Anda tidak berurusan dengan *smatphone* atau tablet.

Anda berurusan dengan *pikiran* yang kuat.

Kebanyakan orang berbicara, dengan kecepatan rata-rata, antara 120-180 kata per menit. Kecepatan seekor penyu jika dibandingkan dengannya adalah seperti 400+ kata per menit.

Artinya: Jika Anda menyampaikan suatu kinerja yang biasa atau lemah dan membosankan, dalam beberapa menit, Anda berdua (ceramah Anda dan pikiran dari audiens Anda) akan terpisahkan dalam jarak yang bermil-mil.

"Masalah terbesar dalam

berkomunikasi adalah *ilusi* bahwa ini

telah terjadi"

George Bernard Shaw

Dan jika itu masih belum cukup, saya mempunyai kabar buruk lainnya untuk Anda.

A.D.D. digambarkan sebagai suatu istilah klinis untuk me-label beberapa kegeliasaan tersebut.

Berkat *beep*, *tweet*, *ping*, dering dan bantingan mental, saya katakan bahwa setiap orang saat ini menderita A.D.D. (Anda benar-benar berada tepat di bagian atas dari daftar tersebut).

Bagaimana dengan sebuah pertandingan yang brutal?

Solusi:

Tajam.

Langsung pada tujuan.

Bagaimana caranya?

Baca terus.

10. MENGGAMBARKAN GARIS AKHIR

Kemungkinannya adalah bahwa Anda seseorang yang ahli dengan apa yang akan Anda ceramahkan.

Artinya Anda mungkin bisa berbicara selama berminggu-minggu tentang topik Anda.

Secara intuitif, Anda akan berpikir, *hebat*.

Tidak. Itu bukanlah permasalahannya.

Audiens Anda tidak akan memberikan waktunya, apalagi selama satu minggu.

Audiens Anda sedang sibuk dengan berbagai masalah mendesak lainnya dalam hidup mereka.

Mereka tidak punya waktu untuk seorang pembual.

Jika Anda *tidak langsung pada pokok pembahasan*, Anda bahkan tidak akan mendapatkan satu menit-pun dari mereka.

Kebanyakan orang ingin menyampaikan pesan mereka mulai dari titik awal.

Ini mungkin terdengar tepat. Namun itu tidaklah tepat.

Dua pertanyaan penting yang belum terjawab, akan membuat para audiens Anda frustasi. Masalahnya, tidak ada akhir dalam pikiran.

Anda terlebih dahulu harus memulainya dengan menggambarkan garis akhir ceramah Anda.

Jawablah dua pertanyaan berikut,

Apa tujuan Anda berdiri dan berbicara?

_____

Hal apa yang Anda inginkan agar diingat oleh audeins Anda (atau lakukan) setelah mendengarkan Anda berbicara?

_____

Memahami, Anda mungkin sulit untuk mengartikulasikan jawaban yang valid pada awalnya. Tapi Anda *harus* memaksakan diri Anda sampai Anda benar-benar menjadi jelas.

Ini merupakan titik fokus dari manakah Anda akan membangun sebuah arah yang jelas.

Pertimbangkanlah hal ini. Anda akan meninggalkan kantor Anda dan masuk ke dalam mobil Anda. Pertanyaan yang Anda miliki harus berhasil menjawab beberapa poin sebelum berkendara jauh yang akan menjadi sebuah akhiran dari " apa tempat tujuan yang ingin saya capai?"

Jadi, saya ingin Anda mengajukan pertanyaan yang sama tentang ceramah Anda.

Kemanakah arah yang akan Anda tuju dengan ceramah yang akan Anda sampaikan?

Kemanakah Anda ingin membawa audiens Anda?

Hanya setelah Anda selesai membentuk garis akhir, maka Anda dapat memulainya.

11. BIARKAN MENYERANG

Gila-lah.

Tulis *semua* pemikiran Anda di atas kertas.

Tulis di seluruh kertas.

Tulis walaupun tidak masuk akal sekalipun.

Tulis tanpa *perbaikan*.

Tulis bebas.

Tulis dengan jumlah yang banyak.

Tulis seakan-akan Anda akan mendapatkan hidup yang kedua.

Tuliskan hal-hal yang datang ke pikiran.

Jika waktu mengizinkan, beristirahatlah. Mungkin ketika Anda sedang berbelanja lalu ide-ide mulai berdatangan lagi. Ini selalu terjadi. Kembalilah, dan menulislah lagi.

Menulislah sampai Anda merasa lelah.

Ketika menguraikan dan menuliskan pidato Anda, Anda akan mendapatkan izin dari saya untuk melakukan *Brainstorm* dengan bebas.

Ini adalah tempat dan mungkin satu-satunya waktu dimana Anda akan menggunakan kebebasan Anda untuk melenyapkan omong kosong apapun.

> Hati-hati: Kebanyakan profesional menyampaikan pidato mereka pada tahap ini dan bertanya-tanya mengapa audiens mereka memiliki mata yang sayu dan terjatuh dalam koma.

ANDA TIDAK AKAN PERNAH MELAKUKANNYA.

"Setiap pembicara memiliki sebuah mulut;

Persiapan yang agak rapi.

Terkadang diisi dengan kebijaksanaan.

Terkadang diisi dengan ekstrimitas. "

Robert Orben

12. SEBUAH PROSES YANG MENYAKITKAN

Setelah Anda melakukan *brainstorm* semua ide-ide hebat, pemikiran, cerita, analogi dan contoh, akan masuk ke dalam suatu proses penyaringan.

Sangat menyenangkan untuk memulainya, namun semakin Anda harus menghapus, proses tersebut akan menjadi lebih menyakitkan.

Jika sesuatu sesuai dengan tujuan Anda, maka akan tetap tinggal.

Jika tidak, harus *dihapus.*

Semua orang berpikir bahwa pemikiran mereka adalah hebat (dan mereka bisa saja), namun pikiran audiens Anda adalah *tanpa ampun.*

Sayangnya, Anda tidak memiliki kewenangan untuk menjadi emosional tentang konten Anda.

Jika Anda membuat audiens Anda menjadi bosan atau bingung, mereka pastinya akan mengabaikan pesan Anda.

Tidak ada kesempatan kedua.

Buku ini pada awalnya memiliki tebal 500+ halaman (sudah diedit).

Bayangkan saja kebengisan yang tertahan karena hanya diberikan versi ringkas yang berdurasi 60 menit.

> Jika saya berbicara sepuluh menit, saya perlu
>
> persiapan selama seminggu;
>
> jika lima belas menit, tiga hari;
>
> jika setengah jam, dua hari;
>
> jika satu jam, saya siap sekarang.
>
> Woodrow Wilson

Sadarilah, semakin pendek waktu yang Anda miliki untuk menyampaikan pesan, semakin keras Anda harus bekerja.

Sekarang saya membuat Anda berpikir.

"Apa yang harus dipertahankan? Apa yang harus dihapus? "

Gagasan yang tak akan pernah Anda tanyakan.

13. HARUSKAH SAYA TINGGAL ATAU PERGI?

Anda akan dihadapkan pada penghapusan potongan besar dan potongan kecil materi yang hebat.

Pertanyaan-pertanyaan yang perlu Anda tanyakan adalah

1. Apa tujuan saya berdiri dan berbicara?

2. Apakah hal ini sejalan dengan hasil yang ingin saya capai?

3. Apakah ini sesuai?

4. Apakah ini mengalir? (Saya akan segera menyinggung hal ini)

Dalam banyak kasus, ketika bekerja dengan para klien, kita menghapus begitu banyak materi besar supaya mereka tidak menggunakan konten yang dibuang tersebut untuk mempersiapkan beberapa pidato yang berbeda darinya. Mereka disimpan di bank cadangan mereka untuk dipergunakan di masa mendatang. Anda juga dapat melakukan hal yang sama.

Terkadang realitas, pikiran dan ide-ide Anda mungkin terlihat hebat pada awalnya, tapi kemudian hal tersebut tidak lagi terdengar benar. Atau mungkin tidak sesuai dengan hasil Anda.

Apa pekerjaan Anda?

Hapus.

Teruslah menghapus setiap potongan kecil dari kelebihan lemak tubuh, sampai potongan, presentasi, *pitch* ataupun bicara pada publik tersebut menjadi sebuah mesin berotot yang kuat dan efisien yang siap untuk memenangkan sebuah persaingan yang sengit.

"Jika Anda tidak bisa menjelaskannya dengan sederhana, berarti Anda tidak memahaminya dengan cukup baik."

Albert Einstein

14. EDWARD SIAPA?

Edward Everett jarang diingat sebagai seorang pembicara utama (*keynote speaker*).

Ingatkah Anda padanya?

Jangan khawatir. Selama bertahun-tahun dan hanya ada sekitar 5% dari para peserta seminar saya yang pernah mendengar tentang dia.

Pada tahun 1863, Edward adalah seorang pembicara utama. Dia berbicara selama lebih dari dua jam.

Jadi, apa yang begitu istimewa sehingga kita tidak mengingat Edward dan pidato dua jam-nya?

Karena Anda mungkin mendengar dari orang lain yang berbicara tentang dia

- Abraham Lincoln.

Dia *bukanlah* seorang pembicara pada saat itu.

Dia tidak memiliki dua jam seperti yang Edward Everett telah miliki.

Namun, hingga hari ini, Abraham Lincoln tetap dikenang karena pidato *Gettysburg Address*-nya yang ikonis.

Lama pidatonya?

Dua menit. 10 kalimat. 272 kata.

15. CURI PERHATIAN MEREKA

"Selamat siang saudara dan saudari.

Terima kasih sudah datang. Hari ini saya akan .... "

Mulailah dengan ini, dan alam bawah sadar audiens Anda akan mendapatkan isyarat (karena mereka sudah tahu apa yang akan terjadi dari pengalaman pahit sebelumnya)

a. Ini akan MEMBOSANKAN!!!

b. Mengapa saya di sini? Saya punya banyak pekerjaan yang harus diselesaikan.

c. Siapa yang terlihat lebih nyaman? Haruskah saya bersandar ke kiri atau ke kanan sampai tertidur.

Anda telah kalah pertandingan karena pembukaan pidato Anda.

Jika di awal pidato Anda tidak bisa memikat hati audiens, Anda tidak akan punya kesempatan untuk menyampaikan pesan Anda yang hebat (tidak peduli seberapa baiknya Anda).

Sekarang orang begitu sibuk, bekerja keras dan kelelahan secara mental.

Audiens Anda umumnya (dan jangan mengambil hati hal ini) pikirannya seperti tidak ada di ruangan tersebut; tertekan karena beban kerja, masalah dengan email yang menggunung, anak-anak, berpikir tentang apa yang harus dimasak untuk makan malam, Anda pasti sudah mendapatkan gambarannya.

Apa yang tidak mereka inginkan adalah orang lain yang mencoba memenuhi ruangan yang ada di kepala mereka.

Jika Anda bertindak demikian, Anda sedang menyanyikan sebuah lagu *nina bobo* pada mereka – *Halo Koma*!

Anda mungkin sedang berbicara di sebuah rumah yang penuh. Namun ini hanyalah sebuah rumah yang penuh dengan mayat.

Rumah tersebut kosong secara mental.

Tugas Anda adalah secara mental membawa kembali audiens Anda ke dalam ruangan tersebut.

Curi perhatian mereka.

"Bagaimana cara melakukannya?", Saya mendengar Anda sedang bertanya.

"Laut yang tenang tidak membuat para pelaut menjadi terampil"

Pepatah Afrika

16. MULAILAH DENGAN BERBEDA

"Saya rasa karir saya baru saja memuncak" adalah kata-kata pertama Colin Firth ketika menerima Oscar untuk perannya yang layak dalam film *The King's Speech*.

Anda bisa menyatakan sebuah fakta mengejutkan yang mungkin tidak dikenal secara luas untuk mendapatkan perhatian orang. Sebagai contoh, Anda mungkin bekerja di sektor penerbangan dan diminta untuk berbicara tentang sebuah aspek keselamatan tertentu.

"Apakah Anda tahu bahwa kemungkinan kematiannya adalah 8 kali lebih besar ketika Anda mengemudi mobil daripada ketika terbang?"

Topik Anda mungkin terdengar membosankan.

Topik Anda mungkin penting.

Tapi Anda berhak untuk menggunakannya sebagai alasan untuk mematikan perasaan audiens Anda.

Jadilah kreatif.

Mulai dari tengah-tengah ruangan.

Mulai dari belakang.

Mulailah dengan menyoroti sebuah dilema.

Mulailah dengan sebuah fakta.

Mulailah dengan impak.

Mulailah dengan sebuah kutipan.

Bagikan sebuah anekdot.

Mulailah dengan sebuah pengalihan (tapi relevan dengan pendapat yang Anda buat).

Membagi dan menunjukkan pendapat Anda melalui sebuah tindakan.

Bayangkan Anda sedang muncul di sebuah acara dan menjadi pembicara di malam tersebut, untuk menggambarkan pendapat miliknya, putuskan untuk berjalan dengan mengenakan piyama-nya.

(Jika Anda belum pernah melihatnya, pergilah online dan Google 'Leadership Speaker Pyjamas')

Bangkitkan pikiran audiens Anda.

Dapatkan perhatian mereka, atau Anda lebih baik pulang.

"Siapapun yang menukar kebebasan demi keamanan,

tidak layak mendapatkan keduanya"

Benjamin Franklin

17. YANG MEMBUAT SAYA SANGAT TIDAK TERKESAN

Semua terlalu sering, berpidato dan berceramah di depan publik dan berjalan dengan keliru karena para pembicara tersebut berpikir jika ini adalah saatnya untuk memukul ego mereka sendiri.

Saya telah melihat para profesional menyalahgunakan waktu mereka dengan berbicara untuk memamerkan kemampuan mereka, penggunaan istilah kosakata, skenario yang kompleks dan presentasi yang rumit.

Mereka berbicara dengan begitu banyak omong kosong, untuk memberikan kesan bahwa mereka adalah orang-orang yang pintar.

Biarkan saya memberitahu Anda, tidak ada yang pintar karena pendekatan ini.

Semua ini hanya akan memperbesar jarak *tujuan* Anda sebagai seorang pembicara.

Tujuan akhir Anda bukanlah untuk membuat audiens Anda menjadi terkesan.

Tujuan Anda adalah untuk menyampaikan pesan Anda.

Lakukanlah hal ini dan audiens Anda akan menjadi terkesan.

Ini mungkin *'show time'* bagi Anda, tetapi bukan waktunya untuk pamer.

Ini adalah waktu (yang sangat terbatas) bagi Anda untuk menyampaikan pesan Anda dengan kejelasan, tujuan dan impak.

Jangan berbicara omong kosong.

Jangan menggunakan istilah (kecuali jika mereka adalah orang-orang yang berbicara dengan istilah-istilah tersebut).

Kosakata yang Anda gunakan tidak boleh dirancang untuk mengesankan orang (Anda harus menjadi seorang *rapper* jika Anda ingin sebaliknya).

Jangan berkata hal yang rumit.

Tetaplah sederhana.

Sampaikan pesan Anda dengan mudah seperti menyampaikannya pada anak-anak berusia 9-10 tahun.

Seperti semua pembicara hebat lainnya, Winston Churchill, memahami dengan benar kekuatan dari kesederhanaan.

Saat menyampaikan pidato Oktober-nya yang terkenal pada tahun 1941, ia menyusun pesan kunci dan menyampaikannya,

"Jangan Pernah Menyerah. Jangan Pernah Menyerah. Jangan pernah. Jangan pernah. Jangan pernah
"

Pesan kunci tersebut diulang lagi dan lagi.

Tajam.

Langsung pada tujuan.

Itulah cara Anda menyampaikan dengan impak.

Anda akan mengesankan mereka.

"Berpikirlah seperti seorang yang bijak, tetapi sampaikanlah

dalam bahasa rakyat."

William Butler Yeats

18. BIARKAN MENGALIR

Pernah memandang sungai?

Dia hanya mengalir. Mengikuti arus. Indah.

Ketika Anda berdiri untuk berbicara, saya ingin Anda membayangkan pesan Anda seperti sebuah sungai. Aliran informasinya harus mengalir dengan mudah dan alami.

Saya sudah melihat orang berdiri dan berbicara banyak omong kosong, mereka berharap agar audiens mereka dapat memahaminya entah bagaimanapun caranya.

Ayo sadarlah!

Jika tidak masuk akal bagi Anda, maka juga tidak akan masuk akal bagi audiens Anda.

Jika terlihat samar-samar di dalam pikiran Anda, maka akan menjadi badai pasir di pikiran audiens Anda.

Jika audiens Anda harus mempertimbangkannya, Anda sudah kehilangan mereka.

Hal terakhir yang Anda inginkan adalah seorang audiens yang berusaha memahami apa yang baru saja Anda katakan.

Mereka akan *berhenti* mendengarkan. Titik.

Audiens Anda tidak punya kesempatan untuk mempertanyakan apa yang benar-benar Anda maksudkan?

Audiens Anda tidak punya waktu untuk berpikir tentang apa yang Anda katakan.

Baca ulang baris demi baris kalimat di atas sampai tenggelam di dalamnya.

Katakanlah apa yang Anda maksudkan. Maksudkanlah apa yang Anda katakan.

Pidato Anda harus menjadi pidato yang *mudah* di dalam pikiran audiens Anda.

Saya tidak merendahkan audiens.

Mereka pintar. Mereka juga malas secara mental.

Mereka hanya tidak ingin berpikir atau harus berpikir.

Mereka harus mampu mengikuti Anda dengan cara yang mudah.

Anda adalah orang yang berdiri.

Anda adalah orang yang menyampaikan.

Anda bertanggung jawab agar pesan Anda menjadi masuk akal. Bukan audiens.

Ingatlah bahwa sungai mengalir dengan mudah mengikuti arusnya.

Apakah sungai informasi Anda mengalir?

"Dia yang ingin membujuk harus meletakkan

kepercayaannya, bukan dengan argumen yang tepat, tetapi dengan

kata yang tepat"

Joseph Conrad

19. JADIKANLAH SEBUAH FILM

Hindari menghafal.

Ini mungkin akan terdengar kontra intuitif karena banyak profesional berpengalaman akan menyeringai bangga dengan mengatakan bahwa mereka telah menghafal pembicaraan, pidato atau presentasi mereka.

Anda akan berakhir dengan sebuah otak yang penuh, dan akhirnya hanya akan menghambat diri Anda sendiri ketika permainan akan dimulai.

Jika Anda ingin menjadi tenang, santai dan dapat menguasai diri sebelum Anda berdiri untuk berbicara, *ringankanlah* otak Anda dari setiap beban yang tidak perlu.

Berikan pesan Anda seperti sebuah alur cerita dengan struktur untuk sebuah film.

Kemudian, seperti cerita atau film apapun, Anda bisa mem-visualisasikan dan mengingat peristiwa-peristiwa tersebut karena sudah membuat arah yang logis.

Pikirkan terakhir kalinya Anda bertemu dengan seorang teman dan ingatlah sebuah film yang Anda tonton, sebuah liburan yang baru saja Anda miliki, atau bahkan bagaimana Anda menghabiskan akhir pekan Anda.

Cerita Anda memiliki sebuah awalan, diikuti dengan serangkaian peristiwa dan berakhir dengan sebuah akhiran.

Ini mempunyai aliran. Ingat? Aliran sungai.

Anda mungkin telah mengingat setiap detail kecil, atau Anda mungkin telah menjawab satu atau dua hal yang kecil.

Tetapi Anda memiliki *aliran*, mulai dari awal hingga akhir.

Sebuah alur atau aliran cerita yang sederhana bisa membantu Anda mem-visualisasikan dan menghubungkan pikiran Anda (dengan bantuan pemicu) mulai dari awal hingga akhir.

Jangan menghafal pidato Anda. Ubahlah ini menjadi sebuah film.

20. HIDUPKANLAH

Terlalu banyak profesional yang berdiri dan menyampaikan pesan mereka yang dipenuhi dengan fakta dan angka-angka.

Mereka menganggap audiens mereka akan menjadi makhluk yang logis.

Mohon Maaf. Saya benci mengatakan hal ini kepada Anda, tetapi kita ini adalah makhluk emosional. Kita lebih suka suatu visual yang hidup daripada angka-angka yang mati.

Jika Anda ingin memberikan fakta-fakta dengan impak, Anda harus melukiskan gambar tersebut di dalam pikiran audiens.

Bantulah audiens Anda menyadari apa yang Anda maksudkan.

Fakta: "*Burj Khalifa* adalah menara tertinggi di dunia dengan ketinggian 828 meter"

Pernyataan tersebut menyatakan fakta. Tapi itu hanyalah angka-angka.

Itu tidaklah sama dengan melukiskan sebuah gambar dan mungkin dengan mengatakan,

"*Burj Khalifa adalah menara tertinggi di dunia. Dengan tinggi 828m, itu seperti ukuran delapan lapangan sepakbola yang ditumpuk menjadi satu*"

Anda adalah sang pelukis, dan pikiran audiens Anda adalah sebuah kanvas yang kosong.

Bangkitkan emosi mereka. Eksplorasi kesadaran mereka.

Berikan warna pada pesan Anda. Berikan corak.

Berikan kedalaman. Berikan dimensi.

Berikan cita rasa. Berikan rasa.

Berikan perasaan. Berikan tekstur.

Audiens Anda hanya bisa melihat apa yang Anda lihat, tetapi hanya setelah Anda melukiskan gambar untuk mereka dengan baik.

"Saya bermimpi melukis dan kemudian

Saya melukis impian saya "

Vincent Van Gogh

21. KEKUATAN PROYEK

Hmmm, ahhh, seperti, Anda tahu, OK, sebenarnya ...

Bahkan jangan berpikiran tentang hal itu.

Ada kekuatan dengan berhenti sejenak.

Diam tidaklah nyaman bagi kebanyakan orang.

Gunakanlah sebagai kekuatan Anda.

Kemampuan Anda dalam berdiam diri sejenak akan membantu Anda untuk memancarkan *kepercayaan diri.*

Anda akan terlihat seperti seseorang yang *nyaman,* dan *berwibawa.*

Berhenti sejenak akan membuat audiens Anda untuk mengingat dan memproses apa yang telah Anda katakan.

Berhenti sejenak akan membuat audiens Anda terkatung-katung di tebing menunggu Anda untuk memberikan pernyataan berikutnya dengan impak.

Berhenti sejenak adalah tanda baca yang akan Anda gunakan jika Anda berkomunikasi secara tertulis dengan pembaca Anda.

Berhenti sejenak akan memberikan ketenangan.

Dan terus terang, berhenti sejenak akan memberikan Anda beberapa detik untuk mengingat (jika Anda telah kehilangan alur pemikiran) dan menyampaikan pendapat Anda berikutnya, dengan kekuatan.

Anda mendapatkan idenya.

Jeda Waktu.

"Berdiam diri yang tepat waktunya akan lebih persuasif dan mengartikulasi daripada berpidato"

Martin Fraquhar Tupper

22. PENDEK DAN TAJAM

Dengan semua yang telah Anda pelajari sejauh ini, silahkan tinjau ulang ceramah Anda.

Pertimbangkanlah setiap hal.

Tanyakan pada diri sendiri, *"Bagaimana saya bisa merapikannya? Menjadikannya lebih pendek? Menjadikannya lebih menghantam? "*

Ketika berbicara, panjang pernyataan Anda harus sesuai dengan kebutuhan, bukan karena keinginan.

Apakah Anda ingin dianggap sejajar dengan dari para orator yang hebat, para pemimpin gagasan dan Presiden?

Anda bisa.

Berikut ini adalah bagaimana cara dari para pembicara hebat dalam memenangkan hati audiens mereka.

Mereka menggunakan

a. Kalimat yang pendek

b. Kata-kata yang sederhana

c. Istilah familiar yang setiap orang gunakan

Kualitas daripada kuantitas.

Kurang itu lebih.

"Pidato yang baik harus seperti

rok wanita; cukup panjang untuk menutupi subjek

dan cukup pendek untuk membuatnya menarik. "

Anonim

23. PENUTUPAN PRESIDENSIAL

Orang akan mengingat hal *pertama* dan *terakhir* yang Anda katakan.

Jika audiens Anda diwawancarai dan ditanyai, satu poin apa yang mereka ingat tentang pesan Anda, apakah itu?

Apakah ringkasan dan alasan Anda berdiri dan berbicara?

Apa pesan perjalanan pulang Anda?

Penutupan adalah dimana Anda secara mental mengerahkan audiens Anda agar mau bertindak.

Seruan bertindak seperti apakah yang akan Anda sampaikan?

Bawalah pulang.

Ikuti aksioma *public speaking* - *"Lakukan pembukaan yang menawan dan efektif serta penutupan yang mudah diingat dan kuat, dan tempatkan keduanya sedekat mungkin."*

> Catatan: Jika Anda memiliki waktu untuk berlatih, lihatlah dua menit terakhir dari beberapa kampanye politik favorit Anda (yang diucapkan dengan baik). Kata penutupan mereka akan membantu Anda *menyadari* pesan dan seruan bertindak mereka.

Akhiri dengan nada tinggi.

Akhiri dengan harapan.

Akhiri dengan senyuman.

Akhiri dengan sikap tenang.

Akhiri dengan semangat.

Kata-kata terakhir Anda akan diingat, buatlah kata-kata tersebut menjadi diperhitungkan.

"Ya Kita Bisa!"

Barack Obama

Slogan kampanye, 2008

24. ANDA ITU LEBIH BAIK DARI APA YANG ANDA PIKIRKAN

Saya Mempercayainya.

Sekarang saya hanya harus menunjukkan dan menjadikan Anda mempercayainya juga.

Pertama-tama, percayalah bahwa ada alasan mengapa Anda diminta untuk berpidato. Ada *nilai* pada apa yang harus Anda bagikan dengan audiens.

Anda lebih baik mempercayainya.

> "Jika Anda pikir Anda bisa, dan jika Anda pikir Anda tidak bisa,
>
> maka Anda mungkin benar"
>
> Henry Ford

Kedua, supaya Anda tidak berpikir kalau saya adalah seorang pembicara motivasi raa raa raa, izinkanlah saya menyampaikan realitas ini untuk membantu meningkatkan kepercayaan Anda pada diri Anda sendiri.

Ambilah alat perekam (*laptop, smarphone* atau *camcorder* jika Anda masih menggunakannya) dan rekam diri Anda ketika sedang memberikan pidato.

Anda akan

a) Sadar akan apa yang perlu Anda perbaiki.

b) Sadar tentang apa yang klien saya sadari ketika saya menjalankan lokakarya kelompok ataupun pelatihan satu per satu. Seperti pada setiap kasus yang sudah saya selesaikan, Anda akan menyadari bahwa Anda menemukan diri Anda jauh lebih baik dari apa yang Anda pikirkan.

Sekarang rekamlah, lihat dan kejutkan diri Anda sendiri dengan percobaan tersebut.

Saya tahu, saya tahu. Anda dapat membelikan saya segelas kopi ketika kita bertemu nanti. Saya menyayangi Anda juga.

25. BERDIRI TEGAK

Dari ketika Anda berjalan ke dalam ruangan, atau bahkan keluar dari mobil Anda, saat itulah Anda akan terlihat, *waktunya pertunjukkan*.

Postur tubuh Anda (berdiri tegak) menggambarkan bahwa Anda adalah pribadi yang percaya diri dan berada dalam kendali.

Anda harus berjalan dan pada akhirnya harus berdiri dengan sikap yang tenang.

Cara Anda datang adalah tekstur yang Anda berikan pada apa yang Anda katakan.

Ketika berbicara, berdirilah dengan kedua kaki dan paha Anda yang terpisah. Cukup untuk menahan keseimbangan Anda. Anda tentunya tidak ingin menjadi bergoyang-goyang dari sisi satu ke sisi lainnya atau bergoyang-goyang maju mundur.

Bahu Anda harus tegap dengan kepala berpusat, melihat audiens.

Anda berdiri tegak.

Saluran pernafasan Anda terbuka untuk bernapas dengan baik sehingga dapat berbicara dengan mudah.

Ini adalah sebuah postur sang pemenang.

Anda memperlihatkan otoritas, berada dalam kendali dan terlihat nyaman dan kompeten.

Lihat bagian tersebut.

Jadilah bagian tersebut.

Berdirilah dengan tegak.

"Sebuah sikap dan postur yang baik mencerminkan

suatu keadaan pikiran yang baik."

Morihei Ueshiba

26. LUCUTI DAN SAMBUNGKAN

Apakah Anda tahu, anak-anak tersenyum lebih dari 400 kali dalam sehari?

Angka itu berkurang menjadi rata-rata hanya 15 hari ketika orang dewasa.

Ketika berkaitan dengan *public speaking*, rata-ratanya akan menurun hanya sedikit, dan saya menjadi murah hati.

Banyak orang menjadi hebat ketika saya menemui mereka satu demi satu.

Kemudian, mereka berdiri untuk berbicara.

Tiba-tiba, mereka terlihat seperti sedang sembelit (tidak enak untuk dilihat).

Biarkan saya memberitahu Anda sesuatu.

Sebelum kecakapan, terdapat *kemampuan untuk disukai*.

Wajah polos, pemarah atau sembelit bukan merupakan *kemampuan untuk disukai*.

Manusia lebih suka pada sebuah senyuman yang alami.

Kita merasa baik ketika kita tersenyum (atau menyaksikan orang lain tersenyum).

Sebelum Anda memiliki kesempatan untuk menunjukkan kemampuan Anda, Anda harus memenangkan audiens Anda terlebih dahulu. Tersenyum akan memberikan Anda *kemampuan untuk disukai*.

Kemampuan untuk disukai akan memberikan Anda audiens yang mau *mendengarkan*.

Anda dapat memberitahu audiens Anda bahwa Anda senang melihat mereka, bersama mereka, dan berbagi pesan Anda. Tetapi Anda harus membiarkan wajah Anda sadar akan hal tersebut.

Anda dapat mengatakan semua itu dengan sebuah senyuman yang tulus dan sepenuh hati.

Pahami, ekspresi wajah Anda harus sejalan dengan apa yang Anda katakan. Kecuali Anda memberikan pidato atau berurusan dengan media dalam suatu modus manajemen krisis, tersenyum adalah cara tercepat untuk memenangkan dan berhubungan dengan audiens Anda.

Anda dapat menerapkannya namun tergantung pada konteks kapan, dimana serta mengapa Anda berbicara.

Tidak dikenakan biaya apapun untuk tersenyum, tetapi ini akan memberikan Anda amalan yang tak terbatas.

Anda akan melihat sebagian besar dari audiens Anda akan tetap mendengarkan Anda.

Tersenyum adalah sebuah senjata. Gunakanlah.

"Senyum Anda adalah sebuah pesan dari niat baik Anda "

Dale Carnegie

27. BERGERAKLAH DENGAN TUJUAN

Jangan hanya berdiri di belakang podium (kecuali jika Anda akan menyampaikan suatu pidato publik yang disiarkan ke seluruh dunia)

Jangan bersembunyi di balik benda. Mereka tidak akan menyelamatkan Anda.

Jangan bergerak tanpa tujuan. Audiens Anda akan meninggalkan bekas luka dan ketakutan.

Jangan bertanya-tanya pada diri sendiri dan ragu. Mereka akan memanggil paramedis.

Jangan terpaku pada satu tempat. Anda akan berbaur dengan perabotan.

Ingat, audiens Anda tidak memiliki banyak jangkauan perhatian.

Setelah Anda mendapatkan perhatian mereka di awal ceramah, Anda harus terus menjaga perhatian mereka.

Anda harus melibatkan mereka dengan segala sesuatu yang Anda miliki.

Gunakan ruang yang Anda miliki.

Tergantung pada situasinya, Anda mungkin hanya dapat bergerak di satu dimensi saja (seperti panggung), dalam hal ini Anda memiliki sisi kiri, tengah dan kanan.

Jika Anda berada di sebuah ruangan, Anda bisa memanfaatkan seluruh ruangan tersebut.

Bergeraklah. Tapi lakukan hanya dengan tujuan.

Bergeraklah ke salah satu sisi ruangan dan sampaikan pendapat Anda.

Anda kemudian dapat menyampaikan pendapat berikutnya dengan membuat gerakan selanjutnya.

Hal ini akan melibatkan audiens Anda, membantu Anda menguasai ruangan, dan yang lebih penting adalah dapat membantu Anda untuk menyampaikan pesan dengan impak.

Ini akan menjadi jauh lebih baik daripada menjadi seorang pembicara yang hanya berdiri kaku 'di belakang podium', apakah Anda setuju?

"Anda bisa saja memiliki ide-ide cemerlang,

tetapi jika Anda tidak dapat mengeluarkannya, ide-ide tersebut tidak akan

membawa Anda kemana-mana."

Lee Iacocca

28. BAHASA ISYARAT

Gerakan badan adalah penting dalam menyampaikan pesan Anda. Sekali lagi, dengan makna.

Jangan mengepakkan tangan Anda seperti sedang mengalami kejang atau mencoba untuk memukul 3 lalat dengan satu sendok.

Jaga tangan-tangan Anda tetap berada di atas pinggang Anda.

Gerakan badan Anda adalah bahasa isyarat. Perlu agar *sejalan* dengan pesan Anda.

Tangan Anda harus bergerak, hanya jika suatu poin dibuat.

Jika Anda mengatakan ini adalah *besar*, pastikan gerakan Anda mencerminkan 'besar' dan bukan sebaliknya.

Saya mohon, jangan melakukan sesuatu karena Anda melihat tokoh masyarakat melakukannya.

Kekuatan postur adalah kekuatan berpose bagi mereka yang menggunakannya secara alami. Hal ini bukanlah suatu postur yang Anda gunakan selama sepuluh menit karena Anda *berpendapat* itu akan memancarkan kekuatan.

Tidak hanya akan membuat Anda terlihat seperti orang cacat, Anda juga akan terlihat seperti sedang mengada-ngada.

Audiens Anda tidak ingin kepalsuan atau hal yang mengada-ngada. Mereka ingin pembicara yang otentik.

Keaslian adalah apa yang membuat Anda akan dihormati oleh audiens Anda.

Anda ingin tampil luar biasa?

Ambil beberapa gerakan dari orang-orang seperti presiden dan orator hebat, lihatlah gerakan mana yang sesuai dengan kepribadian Anda, dan kemudian gunakanlah sebagai bagian dari *repertoar* Anda. Anda mungkin ingin menggunakan *gerakan tangan C* Obama atau menggunakan gerakan tangan *menara* Donald Trump.

Apapun yang Anda pilih, harus terlihat alami bagi Anda.

"Tidak ada yang menghalangi suatu hal untuk

menjadi sangat alami seperti memaksa diri agar

membuatnya tampak seperti itu. "

Francois de La Rochefoucauld

29. JADILAH MAGNET

Mereka memikat. Mereka karismatik. Mereka menarik. Mereka penuh teka-teki. Mereka memiliki kehadiran yang tak terbantahkan.

Mereka memiliki sebuah cara untuk itu.

Mereka menguasai perhatian.

Terdapat beberapa kualitas menarik yang orang lihat pada orator hebat.

Bagaimana Anda ingin menjadi lebih karismatik?

Bagaimana Anda ingin menguasai perhatian?

Bagaimana jika Anda bisa menjadi magnetik?

Mudah.

Lihat ke atas. Lakukanlah kontak mata.

Banyak yang membuat kesalahan dengan hanya berdiri dan melihat ke bawah.

Sedangkan yang lainnya melihat segala sesuatu di sekitar kecuali pada satu titik yang penting - audiens.

Saya tahu Anda mungkin berpikir, "*Tapi Kevin, ini memusingkan jika melihat ke arah audiens yang berjumlah 5,50,500 atau 5000 orang*".

Santai Saja. Kita akan me-label ulang hal tersebut.

Anda tidak memberi ceramah kepada lima ratus orang.

Anda berbicara *satu lawan satu*, lima ratus kali.

Memecah audiens secara mental menjadi 6 segmen, tergantung pada pengaturannya.

Kiri Belakang	Tengah	Kanan Belakang
Kiri Depan	Tengah	Kanan Depan

Setiap kali Anda menyampaikan suatu pendapat, lihatlah ke arah salah satu segmen tersebut.

Lebih penting lagi, carilah wajah yang benar-benar menyimak perkataan Anda.

Lihat mata mereka dan sampaian poin Anda.

Berbicaralah seperti Anda akan berbicara dengan mereka, satu lawan satu.

Ketika saatnya untuk menyampaikan poin berikutnya, lihat ke arah segmen lainnya, pilihlah sebuah wajah, lihat di matanya dan sampaikan poin Anda.

Anda akan menyadari diri Anda melalui segmen tersebut selama beberapa kali dan setiap kali Anda akan melakukan percakapan satu lawan satu dengan seseorang dari audiens Anda.

Tiba-tiba rentetan dari percakapan satu lawan satu Anda tersebut akan bertambah menjadi sebuah gumpalan besar yang baik dari audiens Anda

Manfaat:

Anda menciptakan koneksi satu lawan satu.

Anda menciptakan penggemar yang mengagumi Anda di antara audiens Anda.

Anda memperdayakan audiens melalui keterlibatan mereka.

Membuat koneksi satu lawan satu dengan melihat mereka di matanya, menahan pandangan Anda (dengan cara yang tidak menyeramkan namun lembut) ketika Anda menyampaikan poin Anda.

Mata memang *jendela jiwa* dan ketika Anda melakukannya dengan cara yang melucuti, audiens Anda akan melihat tepat ke arah Anda dan merasakan otentikasi Anda.

Mereka akan menyadari bahwa Anda begitu magnetik, dan Anda akan merasakannya.

30. SUARA

Anda ingin didengar.

Anda ingin dimengerti.

Anda ingin pesan Anda tersampaikan dengan jelas.

Kemampuan Anda dalam berbicara dengan suara yang memproyeksikan otoritas, kepercayaan diri, antusiasme dan tingkatan akan menambah bobot isi dari apa yang akan Anda sampaikan.

Keinginan ini bagaimanapun juga, hasil dari sebuah kesalahan umum dari individu yang berbicara benar-benar keras.

Mereka ingin pesan mereka tersampaikan, sehingga mereka terdengar seperti *menjerit*.

> "Semakin sedikit orang mengetahui,
>
> semakin mereka berteriak. "
>
> Seth Godin

Meneriakkan pesan Anda dengan keras tidak akan membantu Anda. Ini akan menyakiti telinga para pendengar Anda dan akan mengurangi pesan yang ingin Anda sampaikan.

Catatan: berbicara terlalu pelan juga akan mengurangi perhatian audiens Anda. Alih-alih mendengarkan pesan Anda, mereka akan bertaruh satu sama lainnya mencoba untuk memecahkan kata-kata yang sedang Anda gumamkan.

Anda ingin suara yang memerintah.

Anda ingin suara yang jelas.

Anda ingin suara yang otentik - suara Anda.

Dengan menerapkan berbagai jenis vokal akan membantu Anda dalam menekankan poin-poin penting.

Kebahagiaan, kesedihan, empati, semangat- semuanya bisa disampaikan melaluhi suara Anda.

Bayangkan *apa yang Anda katakan* ketika menguraikan gambar dalam pikiran audiens. Anda kemudian memberikan corak dengan sikap tubuh Anda, gerakan langkah dan gerakan isyarat. Suara Anda adalah apa yang akan memberikan warna dan kehidupan pada gambar-gambar tersebut (*cara Anda dalam mengatakannya*).

Segera setelah kami memulai sebuah kerja sama, saya memberitahu para klien untuk berhenti menggunakan suara *postur malas* mereka. Anda tahu, postur (dan suara yang dihasilkan) yang Anda miliki setelah melaluhi hari yang panjang dan melelahkan.

Anda terkulai lemas dan merasa seperti tidak bisa melakukan apa-apa selain menarik diri dari atas lantai ke sofa.

Jangan berbicara datar (hanya gunakan udara di dalam mulut Anda)

Anda menginginkan dan membutuhkan suara yang kuat, yang berasal dari pusat tubuh Anda.

Tempatkan tangan tepat di bawah tulang rusuk Anda dan rasakan diri Anda mengambil napas dalam-dalam dan kembangkan diafragma Anda. Hal ini akan membuat tangan Anda bergerak ke depan dan ke belakang (bukan naik turun).

Ingat pelajaran dari sang Ibu? Sepuluh napas dalam-dalam dan pelan, kemudian mulailah berbicara.

Perhatikan secara seksama bahwa Anda akan memproyeksikan suara dari diafragma Anda.

Hal ini akan terasa aneh pada awalnya, namun ini adalah *suara sesungguhnya*- suara sejati Anda.

Dengan latihan, Anda akan memikat perhatian audiens Anda dengan suara sejati Anda.

Anda akan memiliki suatu perasaan otoritas, kendali dan damai yang luar biasa, berbicara dengan kedalaman dari suara tersebut.

Audiens Anda akan mendengarkan dan merasakan perbedaan yang luar biasa.

Selamat datang suara masa depan Anda.

31. SAYA INGIN MENJADI OBAMA

Tidak, Anda jangan! (meskipun tidak dapat dipungkiri bahwa Obama adalah seorang orator yang ulung).

Tetapi Anda benar-benar jangan!

Ok, saya akan menjadi orang yang akan menghancurkan hati Anda (cinta yang kuat) dan begitulah.

Anda *tidak akan pernah* menjadi Obama.

Jika ini akan membuat hati Anda merasa lebih baik - Obama tidak akan pernah bisa menjadi Anda juga.

Kesalahan yang banyak dibuat (dan Anda melihat ini pada gadis-gadis yang merusak diri mereka dengan operasi plastik yang buruk) adalah bahwa mereka ingin menjadi orang lain.

Anda tidak akan bisa menjadi siapa pun kecuali diri Anda sendiri.

Jangan memulai perkelahian yang pastinya Anda akan kalah.

Hal terbaik yang bisa mendekatinya adalah menjadi *'seperti Obama'*. Dan menjadi *seperti* seseorang bukanlah sebuah komplemen.

Anda tidak bisa menjadi lebih baik (atau mengalahkan) orang lain jika Anda menjadi mereka dan tidak juga mereka akan menjadi lebih baik dari Anda jika mereka menjadi Anda.

Anda hanya bisa menjadi yang terbaik yang Anda bisa.

Gunakan orang-orang seperti Obama sebagai inspirasi, bukan imitasi.

Jadilah diri Anda sendiri.

Tampilkanlah diri Anda sendiri.

32. LUPA PEMBICARAAN

Bagaimana jika Anda berdiri disana berbicara dan tiba-tiba lupa sampai dimana pembicaraan Anda? Jangan kuatir. Hal ini bisa saja terjadi.

> "Otak manusia mulai bekerja
>
> saat Anda dilahirkan dan tidak pernah berhenti
>
> sampai Anda berdiri untuk berbicara di depan umum"
>
> George Jessel

Saya akan memberikan dua teknik cepat yang selamanya akan membantu Anda ketika berbicara di depan umum.

a) Teknik pertama adalah penggunaan *pemicu*.

Di dalam alur cerita Anda, *pemicu akan* membantu Anda mengingat dan menghubungkan poin-poin Anda secara bersama. Anda dapat menggunakan salah satu atau semua teknik berikut ini untuk membantu menyampaikannya dengan impak.

i) Menyampaikan poin-poin Anda dengan mengurutkannya (1. 2. 3. 4. 5.).

ii) Cerita-cerita dengan titik balik (tertinggi dan terendah, secara mental mengarahkan Anda ke adegan berikutnya)

iii) Penggunaan jari-jari Anda (ini adalah daftar dalam bentuk fisik untuk membantu menggunakan ingatan pikiran).

iv) Gerakan Tubuh (poin-poin dan gerakan selaras tertentu dalam alur cerita Anda akan membawa bayangan dari apa yang akan datang berikutnya).

b) Teknik kedua adalah apa yang sudah kita bahas, *memberikan label ulang*.

Memberikan label ulang audiens Anda dari *musuh utama* menjadi *teman*.

Anda berada di antara teman-teman Anda.

Apakah gunanya teman-teman?

Pikirkan mereka mengatakan, dalam kata-kata dari Jerry McGuire, *"Bantu aku, Bantu Anda"*

Jika Anda pernah lupa dan sama sekali tidak tahu sampai dimana pembicaraan Anda, *mengakulah* - minta audiens Anda untuk membantu Anda.

Saya melakukannya. Dan saya dibayar untuk berbicara.

Saya sudah berulang kali mengatakan kepada audiens saya, *"Anda tahu, saya harus menjadi ikan mas, dan saya harus keluar dari air, karena saya tidak tahu apa yang tadi saya katakan. Dimanakah saya tadi, saudara-saudara? "*

Audiens tertawa (1 poin), mereka melihat keaslian saya (1 poin) dan mereka secara aktif berpartisipasi dalam mengingatkan saya (dan diri mereka sendiri) apa yang terakhir saya katakan (1 poin).

Tiba-tiba, Anda sudah mengambil apa yang kebanyakan orang begitu takuti, dan mengubahnya menjadi keuntungan Anda.

Ini adalah keuntungan tersebut ketika Anda melihat audiens Anda sebagai teman.

Sekarang, dimanakah saya? Tepat ☺

33. DATANG LEBIH AWAL

Dimanakah Anda akan berbicara?

Periksalah persiapannya. Rasakan suasana tempat tersebut. Berjalan-jalanlah di sekitarnya.

Sungguh menakjubkan melihat betapa besar langkah ini sendiri saja akan secara positif mempengaruhi hasil yang akan Anda peroleh secara keseluruhan.

Entah itu di hari sebelumnya atau bahkan satu jam sebelum dimulainya acara, miliki akses ke tempat dimana Anda akan memberikan ceramah Anda, mengetahui dimana Anda akan berdiri dan berbicara, melihat pengaturannya, mendapatkan perasaan nyaman akan ukuran ruang/auditorium, melakukan beberapa cek suara dan semuanya itu akan sangat membantu Anda.

Pikiran Anda akan menyimpan konteks, nuansa dan keadaan sekitarnya. Ketika tiba saatnya Anda harus melakukan ceramah yang nyata, pikiran Anda akan menganggapnya sebagai tempat yang familiar, dan hal ini membantu Anda menjadi lebih nyaman.

Perhatikan dengan seksama pada apa yang akan saya sampaikan selanjutnya.

Datang lebih awal akan memungkinkan Anda untuk berperan sebagai tuan rumah yang *tidak resmi*, menemui para peserta ketika mereka datang, mengobrol dengan mereka, menjadi lebih akrab dengan mereka dan membangun hubungan.

Hal ini akan meningkatkan kemampuan untuk disukai Anda di dalam pikiran orang-orang yang terhubung dengan Anda.

Ketika orang-orang menyukai Anda, mereka akan mempercayai Anda.

Ketika mereka mempercayai Anda, mereka akan mendengarkan Anda.

Kenyataan bahwa Anda meluangkan waktu untuk mengenal mereka akan secara signifikan meningkatkan kemungkinan mereka untuk menyukai Anda, mempercayai Anda dan ketika hal ini diperhitungkan, untuk benar-benar mendengarkan Anda.

"Anda tidak bisa membuat telur dadar tanpa

memecahkan telur"

Pepatah

34. BUATAN PENJAHIT

Membawa audiens ke dalam dan menjadikan mereka bagian dari apa yang Anda sampaikan.

Seperti sebuah setelan yang disesuaikan, tidak ada yang lebih memikat daripada sebuah pesan yang disesuaikan.

Anda akan menonjol dan terlihat tajam.

Pesan Anda akan beresonansi dengan audiens. Mereka akan merasa terhubung dengan Anda.

Berusahalah untuk selalu memahami

1. Siapa audiens Anda?

2. Apa konteksnya? Apakah ada isu yang sedang panas?

3. Mengapa Anda berbicara?

4. Apa harapan dari Anda berdiri dan berbicara?

Terus-menerus berusahalah untuk menyesuaikan pesan Anda di setiap kesempatan yang Anda dapatkan.

Contoh A: Anda dapat mengucapkan terima kasih kepada audiens Anda yang telah melakukan perjalanan jauh untuk menghadiri peluncuran internasional dari produk Anda dengan mengatakan *"Seperti Tony Gonzales yang melakukan perjalanan sepanjang jalan dari Meksiko untuk bersama kami di sini di Malaysia, saya ingin berterima kasih kepada setiap dari Anda yang telah meluangkan waktu dan berusaha untuk berada disini bersama kami hari ini. Anda akan menyukai manfaat dan keuntungan dari gadget baru kami yang akan membawa Anda dan para pelanggan Anda "*

Contoh B: Anda mungkin mewakili pemerintah Anda dan memberikan ceramah publik di sebuah konferensi "energi hijau" yang bergerak untuk memanfaatkan otak generasi muda kita.

Dengan datang lebih awal, Anda akan bertemu dengan sejumlah peserta, salah satunya adalah seorang pria berusia tiga puluhan yang begitu bergairah tentang topik tersebut. Dia akan berbagi dengan Anda beberapa hal yang dia dan juga tim-nya sedang terapkan.

Sebagai bagian dari poin yang Anda keluarkan di dalam sebuah pidato yang jelas dan tersusun rapi, Anda memasukkan percakapan Anda sebagai contoh kehidupan nyata dari poin yang sedang Anda sampaikan.

"Saya yakin bahwa kita memiliki jumlah energi sumber daya alam yang belum dimanfaatkan dan yang lebih penting dari bakat yang semuanya ada di sekitar kita. Ambil contoh Khalid, yang sudah berbagi dengan saya beberapa ide brilian yang ia bersama tim-nya telah kerjakan lebih dari setahun terakhir ini. Saya pasti akan menindaklanjutinya bersama dia, tapi saya sampaikan kepada Anda, peluang dan bakat semuanya ada di sekitar kita. Kita hanya harus bangun dan aktif mencarinya. "

Ingat: Kita semua suka disesuaikan.

35. MENANGANI GAJAH

Jika ada gajah di dalam ruangan, perhatikanlah.

Krisis dan redudansi? Nyatakanlah.

Menghadapi tantangan? Nyatakanlah.

Kesalahan yang dilakukan? Nyatakanlah.

Hari yang signifikan dalam sejarah, sebutkanlah.

Baik apakah itu konyol ataupun signifikan, masalah haruslah ditangani.

Beberapa tahun yang lalu, saya berada dalam tur ceramah. Pada sebuah konferensi di Uni Emirat Arab, saya menyampaikan pidato utama kepada kelompok tersebut. 15 menit kemudian, pertanyaan pertama yang saya miliki tidak ada hubungannya dengan garis pokok pidato saya.

Wanita muda di belakang memegang mikrofon dan bertanya, "*darimanakah aksen Anda berasal?*".

Karena latar belakang dan perjalanan saya yang luas, saya dianggap memiliki sedikit aksen pria tak bernegara yang lucu.

Saya pikir itu adalah aspek kecil dan tidak signifikan. Tapi itu tidak.

Itu adalah sebuah gajah yang ada di dalam pesan saya. Sebuah pelajaran yang saya pelajari untuk ditangani pada awalnya, sebelum menyampaikan pokok pikiran saya.

Beberapa gajah lebih besar daripada yang lain.

Datanglah ke kursi audiens Anda.

Carilah tahu apa yang mereka akan pikirkan.

Apakah mereka memiliki pertanyaan? Keprihatinan?

Jangan mengabaikan hal-hal tersebut. Tanganilah itu terlebih dahulu.

Perusahaan Warren Buffet memegang Berkshire Hathaway (yang memiliki saham tunggal umumnya lebih dari $100,000) cenderung memulai laporan tahunan mereka dengan mengatakan kepada para investor mereka dimana mereka telah salah bersama dengan tantangan-tantangan yang dialaminya. Baru kemudian mereka akan berbicara tentang hasil-hasil mereka.

Jika audiens Anda merasa bahwa sebuah masalah harus disebutkan, kutiplah.

Jika Anda tidak melakukannya, Anda akan membuang-buang waktu Anda.

Audiens Anda tidak akan mendengarkan Anda.

Mereka tidak bisa.

Ada gajah di jalannya.

"Kaum intelektual memecahkan masalah,

kaum jenius mencegah mereka. "

Albert Einstein

36. PRAKTEK ADALAH BERLEBIHAN

Tidak, tentu tidak.

Setelah Anda selesai menyusun pesan Anda ke dalam sebuah aliran, praktek adalah hal yang mutlak untuk dilakukan.

Beberapa tahun yang lalu, saya bertemu dengan Sir Anthony Hopkins di Sydney. Penampilan luar biasa dari lelaki tersebut dalam peran yang dimainkannya tidak hanya terjadi karena membesarkan *set* yang tidak disiapkan. Dia pergi ke garis ceritanya sebanyak ribuan kali. Dia benar-benar menjadi sebuah karakter yang dia mainkan. Begitulah dedikasinya untuk seni akting dan berbicara.

Sekarang saya tidak menyarankan bahwa Anda harus mengubah karakter setiap saat (baiklah sebenarnya, Anda harus, jika Anda punya waktu), tetapi sadarilah bahwa para orator terbaik terus berlatih tanpa kenal lelah.

Semakin Anda berlatih, Anda akan semakin merasa nyaman, percaya diri dan berwibawa.

Semakin banyak latihan yang Anda lakukan, Anda akan semakin merasa nyaman dengan pesan Anda.

Fokus Anda kemudian dapat beralih ke bagaimana cara menyampaikan pesan dengan impak.

Semua yang telah saya bagikan dengan Anda dalam buku ini akan memastikan bahwa Anda dapat berlatih dengan mudah.

Para tokoh politik dan CEO terbaik berlatih lama dan keras. Mereka mencari waktu di antara jadwal mereka untuk melakukannya. Mereka melakukannya sepanjang hari, sepanjang malam, pada istirahat makan siang, di antara pertemuan, berjalan di jalan, di kamar mandi, secara harfiah di mana-mana. Anda bahkan mungkin melihat saya berjalan di kota Anda seperti orang gila berbicara sendiri. Ini adalah praktek.

Ambilah contoh para komedian, mereka datang dengan materi baru dan mengujinya di bar lokal. Mereka mendapatkan umpan balik dengan melihat apa yang terbang, apa yang tidak, apa yang perlu disaring, apa yang perlu dipotong.

Di setiap kesempatan yang Anda dapatkan, praktekkanlah.

Praktek secara mental, fisik, visual dan vokal.

Anda tidak bisa hanya dengan membaca teks dan menyebutnya sebagai latihan.

Ini adalah *public speaking*. Anda harus berbicara.

Ketika Anda mendengar diri Anda berbicara, Anda kemudian dapat mengetahui apa yang perlu diganti, mengetahui bagaimana konten Anda mengalir, penambahan dan pengurangan apa saja yang harus dibuat. Sungguh menakjubkan mengetahui berapa banyak yang dapat Anda perbaiki hanya dengan mendengar dan merasakan diri Anda berbicara.

Jika Anda mempunyai waktu, panggil beberapa teman Anda. Atau mungkin Anda memiliki seekor kucing yang bersedia menanggung beberapa penderitaan. Jika semuanya gagal, mintalah beberapa umpan balik yang tidak akan dapat dipungkiri lagi dan kredibel - cermin di dinding.

"Jangan takut berbicara dengan diri sendiri.

Ini satu-satunya cara yang bisa Anda lakukan untuk meyakinkan

seseorang mendengarkan. "

F.P. Jones.

37. HARI PENILAIAN

Jangan menilai buku dari sampulnya.

Namun, kita semua melakukannya.

Audiens Anda akan menilai Anda, apakah Anda suka ataupun tidak, apakah Anda layak ataupun tidak.

Itu adalah tanggung jawab Anda untuk memenangkan setiap poin yang Anda bisa.

Berikut ini adalah beberapa poin yang cepat dan mudah yang *harus* Anda *cetak angkanya.*

Hal ini dirangkumkan karena saya, hingga saat ini, bingung mengapa akal sehat tidak tampak begitu umum.

1. Terlihat sedap dipandang. Saya seharusnya tidak mengatakan hal ini, tapi saya perlu. Berpakaian dengan baik. Berpakaian untuk acara ini. Perhatikan bagian tersebut. Jika ragu, gantilah pakaian.

2. Bau yang wangi - Sekali lagi tak perlu dikatakan, bahwa kita menyukai orang-orang yang wangi. Mandilah sebelum Anda diminta untuk pergi dan berbicara. Anda harus bersih dan segar. Memiliki bau badan yang tidak enak akan tidak nyaman dan mengganggu audiens Anda.

3. Merasa baik. Dari ujung kepala sampai kaki, hanya kenakan apa yang membuat Anda akan merasa nyaman. Jangan mengenakan kemeja sutra $300 jika Anda alergi terhadap sutra. Tidak peduli berapa banyak Anda dibayar atau akan betapa bagusnya terlihat di kamera. Anda ingin terlihat baik dan tidak terlihat seperti orang yang sedang menggaruk kutu di dada mereka – *akan mengganggu.*

38. WAKTUNYA SUDAH SELESAI

Penonton bertepuk tangan *karena mereka ingin dia segera turun dari panggung.*

Audiens Anda tidak akan senang diberitahu jika presentasi penjualan yang semula berdurasi 30 menit namun berakhir menjadi 90 menit, atau pidato publik yang hanya 8 menit dan akhirnya menjadi 27 menit.

Berpendirianlah pada waktu. Bahkan, selesaikan *sebelum* waktunya.

Tidak akan ada yang mengeluh ketika Anda selesai sebelum waktunya.

Audiens Anda akan menghargai jika Anda selesai pada atau sebelum waktunya.

Perasaan yang harus Anda inginkan untuk ditinggalan bersama dengan audiens Anda adalah "*Saya ingin lebih*".

Apakah Anda melakukan *pitch* atau pembicaraan bisnis selama tiga menit di sebuah acara TV, menuju suatu pertemuan dewan atau berbicara di atas panggung, berpendirianlah pada waktu Anda.

Ini adalah kriteria yang tidak dapat dinegosiasikan untuk menjaga *image* Anda secara keseluruhan dan hasil akhirnya.

Biarkan audiens Anda menginginkan lebih.

"Jadilah tulus, singkat, duduk."

Franklin Roosevelt

39. VISUALISASIKAN KESUKSESAN

Visualisasikan sedang memberikan sebuah ceramah yang hebat.

Visualisasikan interaksi-interaksinya.

Lihat para audiens sedang bertepuk tangan karena mereka menikmati ceramah Anda.

Audiens terlibat.

Mereka memahami pesan Anda yang jelas dan terinspirasi untuk bertindak (tergantung pada tujuan ceramah Anda).

Visualisasikan seluruh proses dalam menyampaikan ceramah Anda dengan impak mulai dari awal hingga akhir.

Anda melakukannya dengan sangat baik.

Ulangi proses visualisasi ini sebanyak mungkin yang Anda bisa.

Pikiran Anda tidak membedakan-bedakan fakta dari fiksi.

Ketika tiba saatnya untuk beraksi, alam bawah sadar Anda akan berkata, "Hei, ini tampak familiar. Kita pernah disini sebelumnya. Saya tahu persis apa yang harus dilakukan. Mari kita *rock and roll* ".

"Selalu ada tiga pidato, untuk setiap pidato yang benar-benar Anda berikan. Pidato yang Anda praktikkan, pidato yang Anda berikan, dan pidato yang ingin Anda berikan. "

Dale Carnegie

40. BERDIRI. BICARALAH!

Orang-orang seperti Martin Luther King, Winston Churchill dan John F. Kennedy menangkap imajinasi audiens, masyarakat dan bangsa mereka.

Mereka menyampaikan pesan mereka dengan cara yang membuat diri mereka dan pesan mereka menjadi berkesan.

Anda juga bisa melakukan hal yang sama, tidak peduli siapakah Anda, dan apa posisi Anda.

Saya menyebutkan hal ini 'Hebat' karena mereka mulai dari suatu tempat yang semuanya terlalu familiar bagi kebanyakan dari kita.

Martin Luther King (MLK) mencapai dan beresonansi dengan para pendengarnya bukan dengan hanya sekedar membaca tulisan. Dia memberikan kehidupan kepada mereka. Dia menyentuh hati dan pikiran orang-orang.

Ini terjadi karena praktek. MLK mendapatkan nilai "C" di kelas public speaking di perguruan tinggi.

Winston Churchill (WC) menginspirasi sebuah bangsa. Tanpa diketahui oleh banyak orang, ia dahulu bukanlah seorang pembicara yang berbakat. Dia menghabiskan berjam-jam, berhari-hari dan bahkan berminggu-minggu dengan berlatih dan menyempurnakan pidatonya.

Jika Anda ingin tahu, WC mengalami telapak tangan yang berkeringat dan serangan air mata ketika mempersiapkan pidatonya. Dia juga bicara tergagap-gagap.

John F Kennedy (JFK) bekerja keras untuk menjadi seorang pria yang melambangkan seorang pembicara publik yang besar. Yang terjadi karena praktek, pembinaan dan usaha.

JFK adalah seorang pria yang tangan dan lututnya *bergetar* di awal karirnya.

Benang merah tentang para *Pembicara Besar* ini adalah bahwa mereka meluangkan waktu untuk mengembangkan dan memperbaiki keterampilan *public speaking* mereka untuk menjadikannya sebagai sebuah bentuk seni.

Anda juga bisa melakukan hal yang sama.

Pembinaan, usaha, fokus, pengetahuan, praktik- *selamanya.*

Buku ini telah memberikan Anda begitu banyak hal untuk dimulai.

Anda hanya bisa menjadi lebih baik, memberikan yang lebih baik dan merasa lebih baik melalui tindakan.

Biarkan pesan Anda didengar. Bicaralah!

"Menjadi begitu menyenangkan karena mereka akan

melihat Anda "

Steve Martin

PADA SKALA 1 HINGGA 10

MENURUT ANDA BAGAIMANAKAH

KEMAMPUAN *PUBLIC SPEAKING* ANDA?

1   2   3   4   5   6   7   8   9   10

Tidak Terlalu Percaya Diri   Sangat Percaya Diri

BOLEHKAH KAMI MEMBANTU ANDA DAN KELOMPOK ANDA?

Proyeksi Suara

Bahasa Tubuh

Penulisan Naskah Pidato

Pelatihan Keterampilan Presentasi

Pelatihan Presentasi Penjualan

Pelatihan *Public Address*

Keterampilan Panggung

Pelatihan Media

Pembayangan (*Shadowing*)

JENIS LAYANAN TERMASUK

Pelatihan Khusus Pribadi

Komunikasi Eksekutif dan Pelatihan Kepemimpinan

Workshop Pribadi untuk kelompok

Manajemen Krisis

Konsultasi Komunikasi

Permintaan Pemesanan:

Info@KevinAbdulrahman.com

"Mengembangkan kemampuan komunikasi yang baik

sangatlah penting untuk kepemimpinan efektif.

Pemimpin harus mampu berbagi pengetahuan

dan ide-ide untuk menularkan rasa urgensi

dan antusiasme kepada orang lain.

Jika seorang pemimpin tidak bisa menyampaikan pesan dengan jelas

untuk memotivasi orang lain agar bertindak, maka memiliki

pesan bahkan tidaklah berarti."

Gilbert Amelio

www.ingramcontent.com/pod-product-compliance
Lightning Source LLC
Chambersburg PA
CBHW070916180526
45168CB00005B/2038